AF417380

Tablero

Colección
ISLAS

Tablero

Aleisa Ribalta Guzmán

Para ti, que eres árbol de mar,
ave tranquila en tierra de fuego,
fruta madura aún fresca,
griot que convocas
con palabras nuevas
a la fiesta ¡sirve el deseo!

Diosa del Yangtsé

Era un delfín casi feliz,
señoreaba entre mustias marsopas
el agua dulce del Yangtsé,
el lodo blando y solitario de su aullido

qué mansos los coetáneos cerdos,
la música fluyendo debajo de sus panzas,
el pasto que abundante les rendía
a todos por igual
las puestas de sol en río
Su Dorado azul de panacea,
el reino ancho y largo
libre de enemigos
No vertían allí más que sus sueños
los jóvenes lánguidos y casamenteros
en busca de su leyenda más real
Dígannos qué le pasó a la diosa
que no volvieron a ver ni imaginada
Dónde duerme hoy su sueño congelado
de corazón latiendo en las venas
de un país gigantesco

De sacra y frondosa la vida

> *"Amada, mira en tu propio corazón,*
> *el árbol sagrado crece allí"*
> **William Butler Yeats**

Qué sentiría la madre, de repente, cuán de honda la punzada
que corrió a la sombra del árbol, que se apoyó en su tronco
tranquila, que rompió aguas, con ellas regó la tan profunda
raíz, y así le vino el hijo, árbol él mismo, camino de la vida.

Qué patio de árboles frondosos le viera jugar, extenderse
su mundo de niño corriendo dueño de palacio, comer algún
que otro fruto tumbado, yerba para arrullo de pies descalzos
que iríanse luego a recorrer desapegados la no-existencia.

Qué le hiciera escoger entre todos un árbol, solo uno, aquel
al intuitivo explorador de las veredas, decir aquí me siento,
este es el lugar, vengan las tentaciones todas que yo puedo
y hágase la luz en mí bajo este y no otro, Yo aquí me planto.

Por último preguntemos, si es que hay respuestas:

Qué sintieron los árboles aquellos, gemelos y equidistantes,
uno a los pies y otro a la cabeza, dando sombra al que sintió
la muerte ya en paz con su vida, cuando decidieron florecerle,
a destiempo, al unísono y para no dejarle tan solo aquel día.

A tiras y embadurnada

> *"y ahora alumbra tu oficio*
> *con su silencio fugitivo, en son*
> *sereno como de agua a mediodía."*
>
> **Claudio Rodríguez**

¡Qué Catarina ésa, la Fagunda! No se lo creería ni Dios.
Decían los marineros que iban a verle los tersos muslos
¡qué hembra, cómo arponea la bestia, menudas ancas
pero qué pobres brazos!, ¿cómo es posible tanta fuerza?

Ballenas surcan los mares de Terranova,
ahí va la hija de Joao, arpón de la casa Álvarez Fagundes,
mano tibia y púber, de casi niña,
hasta que entierra dura, y el lomo sangra...

Dicen que la ballena herida se hunde
mientras se desangra muy despacio
que sale varias veces a respirar,
y que el soplo es tenebroso.

Sola entre mozos, embadurnada de aquella sangraza
con manteca, dentro de una chalupa que se bandea

y se va a pique. Toda vida de mar es sin garante, dice el padre,
y lo sabe pues está a punto de sucumbir en un charco rojo.

La Fagunda cierra los ojos, entierra más,
piensa en los tres hijos que un día tendrá,
en cuántas bocas pueden comer de una tira de carne,
en el aceite de la cámara que necesita más lumbre,
en su padre que viaja de punta a punta
del océano fundando islas con su nombre.

Cierra los ojos porque sabe que la derrota
es del que suelte el arpón
esta vez no será ella, se dice, a oscuras...
sola con la voz de un poeta del que le separan siglos.

Como soplo de ballena, indescifrable
vuela en el tiempo el mejor consejo
a la niña asustada que todavía es:
"Y no mires al mar porque todo lo sabe
cuando llega la hora".

Dendroluminia

farola

sueña

con árbol

complejo

Hegel ve

romance

ella da luz

(pura luz ciega)

él sombra fina

(sed de cobijo)

ilumina

encendida rama

desnuda precisa

lumbre

tenue

Tronco de hipo

Aquí les cuento mi odisea

Desde que nací, un calvario.

Nos fuimos un día de la manada

mi madre y yo -dentro de ella-

Era necesario, pero le zumba

el mango, irse a la orilla sola

con los cocodrilos para poder parir(me).

La pura es una... era, allí

me dio este cuerpo liviano

Sí, ¡porque me he puesto!

¡Tronco!

Y luego la mala suerte de nuevo

se infestó del caminante invisible

que ni nombrarles puedo,

ántrax, me sacude su grafía

lo que les cuento

la pura se reventó

yo le vi deshacerse ante mí.

Grande el cuerpo del que nada

puede contra el pequeño

se mete dentro...

come, revienta, todo contamina.

Al valle de los deseos

(no es que el sauce
sea llorón
es que tiene los deseos
muy lánguidos)

Llévame al valle de los deseos
no haremos nada
que no sea
ver llorar
uno a uno
a los sauces
mientras
te beso
me besas
languidece
el valle en su tremendo
y múltiple caer
de ramas

Por si sol se pone leve
tu beso que es mi beso

de mujer que llora

entre los sauces

será todo el deseo

para encender

lo que se apague

de este valle

El poeta va a masaje tailandés

Para José Kozer, libidinosa mente

ahí vienen esas dos

con sus kimonos

hay música de fondo

huele a orientales

hierbas ríen bajito

hablan qué idioma

bellas cantarinas

caminan sobre mí

me resigno me entrego

me descompongo

toda

de un tirón

imaginando tal vez

ya en trance

lo que el judío no diría

se representa

lisiado tumbado

cabeza dentro

de un orificio

vedado el ojo

a lo que sucede

le acarician luego

le maltratan

escucha voces

lejanas sonríen hablan

en una lengua rara

más y más risas

golpetazo

de qué se ríen estas

será de su cuerpo

enclenque

inflexible

hueso de viejo

pero y qué

los cuerpos bellos

que le acarician esos

sí son cuerpos

las risas que no sabe

si del más allá

o del más acá

consuelan la cansada

osamenta

vente chinita vente

te pago luz y agua

te pongo un cuarto

comemos arroz con palitos

y aquí quedamos todos

campana como nuevos

Un sol para Nikola

En Smiljan una mujer gozaba
fama de ser diestra en la fabricación
de herramientas propias del hogar.

También se dice que la dama era ducha
en el bramado de épicos poemas
y que lo hacía
      con la senda
      sin igual soltura
con la que fabricaba
un cucharón.

Uno de los cinco nobles vástagos
le nació un día oscuro
      sin sol
      pleno de rayos
que el bueno de Nikola después
llamaría (por noble) descargas alternas.

Djuka Mandic llegó como pudo al suceso del siglo
malhumorada socorría a la diestra

mientras gritaba de paso
la siniestra: "Vaya día de perros
que te da por alumbrar este hijo
será un heraldo de la desgracia."

"No. Será hijo de la Luz.
De sus manos el Sol
tantas veces pequeño renacerá."
Dijo la madre, que era una iluminada.

Norte heliocéntrico

En un paraje atípico
de un día muy *sui géneris...*
hay júbilo a repartir para todos.

Cantan las hojas
amarillea el viento
y parece como si las aves
cayeran hacia arriba.

No se sabe si es
un invierno templado
un otoño tardío
o una primavera
sedienta de estallar.

Lo que sí se sabe es que el Sol
está hoy aquí.

Ojo de agua

Un rumor peregrino, el percolar del tiempo,
por debajo iba el río, silencioso, certero,
buscando la llamada del curso de la vida

La montaña sabía, los hombres no aceptaban
la presencia muda de aquel fantasma vivo,
como un gorgoriteo de lluvia en la memoria
venido de muy lejos. ¿Y qué traía consigo?
¿Por qué tan cantarina la entrega de lo andado?

Esto no puede ser, dijeron,
el pueblo necesita un acueducto
y no este tintinear sin fin de los demonios.

Lo tapiaron, mezquinos, consiguieron los fondos
y tuvieron por fin, esplendor y acueducto.

Un día, de las entrañas mismas de la tierra
vieron salir rugiendo al fantasma,
el Ojo de agua, cerrado al Tiempo, reventó,
grieta tras grieta se rajó la mentira.

En aquel pueblo hoy corre, sin poder detenerla,

el agua de una sed nunca saciada.

La montaña lo supo, los hombres no entendieron.

Las flores de Kitty Emmeline Jane Light

> Levanta el vuelo. No entres
> en este cuerpo entero:
> donde está amaneciendo.
>
> **Claudio Rodríguez**

Dentro de la quinta una mujer entristece sin poder evitarlo
rodeada de los jardines donde su amado Edward
hace y deshace sus brebajes para la melancolía.

Agrimonia para paliar las emociones ocultas, las tortuosas
genciana y mostaza para la tristeza de causas desconocidas
brotes de castaño y álamo temblón
                    para no temer a lo de fuera
madreselva y rosa canina
                para la soledad sin rumbo ni consuelo
aulaga, roble y olivo, para la que ha perdido el centro
clemátide, verbena y brezo para el que se ha centrado
perpetuo en sí mismo.

Se han de poner debajo de la lengua,
cuatro gotas disueltas en cognac.

El doctor cree que las flores
pueden llegar a lo más profundo.
Su mujer no puede sonreír.

Otro día cae y amanece en la quinta
maceradas las esencias y un pensamiento en el mortero:
salir a comprar cognac, para los dos, cuanto antes.

Entropía de estar vivos

¡Maldito el universo

que nunca se nos muere!

Por eso de no morirse,

¿nos deja vivir en él?

Un día o no, por azar,

¿nos deja también morir?

En todo ese proceso, eterno

con todos los recuerdos, ¡además!,

nos pone más de una trampa

para creernos especie en celo.

Nos revuelve las hormonas,

nos trastoca los rumbos,

juega cartesiano a ser Cupido

¡Y ahí es donde está la trampa!

En creernos entrópicos

y en el amor, ¿eternos?

Aviso para navegantes

Mírame bien, ¿soy lo que buscas?

Te advierto, marinero:

A veces soy la más fiera tormenta,

y otras un aguacero tibio de verano.

Hay días en que ni yo misma me aguanto

y otros, soy mar en calma,

me rondan las gaviotas,

me meto dentro de una caracola,

y canto para ti.

Tengo peces de colores,

soy plateada, y la luz del sol

se me filtra por toda el alma,

cuando luminosamente te deseo.

Otras veces me vuelvo tan lunática,

que la loba que llevo fuera,

marca con unas garras terribles

la hermosura y le sangra,

visiblemente dentro.

Navegarme es osado,

pero también febril,

como estar vivos.

No hay líneas definidas,
mi rumbo es delirante.
Puedo perderme y reencontrarte,
o dejarte tan náufrago de mí,
que no nos sobreviva nada.

Después, seguramente,
habrás pagado con el vértigo,
la moneda de cambio
del nauta que se arriesga.
Todo o nada, eso tendrás,
tendremos, al tocar puerto.

Wichi a Cofiño desde el más allá

Las ventanas, usted y esas ridículas maneras de soñar

el árbol es más huérfano dentro de una ventana

el trino abandona para siempre al pájaro

para el que desde la ventana le observa

y sabe que no es sordo del todo

y el mar, siempre el pedazo de mar aquel

que no nos sirve para nada

dentro de una ventana

La muchacha que por allí se pasea, va y viene

desaparece, intermitente como el amor...

¡Latido! ¡Sería bueno que se quedara

pero es una ventana!

Cinética del que sueña preso

hiperrealismo *non sense*

La sensación de aprehensión no tiene remedio

Usted se quedará solo y lo sabe

a menos que la muchacha le descubra

in fraganti, mirándole

y por unos minutos,

con mar y todo,

desaparezca la ventana

Llamadme Ismael

Llamadme Ismael
en esta playa escogí
enterrar la raíz bien honda
a tenor de sol y pleamar
soy y no soy un milagro

Tanta sal he bebido
a la intemperie
he soportado intacto
los vientos las mareas
con la corteza de un cetáceo

Supe desde hace siglos
mi sino de elegido
soy huérfano del bosque
por mi propia voluntad
más la de un niño derrotado

En esta orilla donde las olas
me abaten y acarician
sépase que escogí

ser un plantado-libre

rajar una lanza por nosotros

Sé que la soledad no existe

no soy un perdedor

llamadme Ismael

que soy fuerte contra este

y todos los destinos

Tengo el tronco ancho

las ramas que cobijan

los frutos agridulces

como todos uno más de tantos

dirán los que no saben

La suerte de un niño

enterrando en el mar

su espada de la derrota

su duelo de regreso

me ha hecho único

El mar es todo lo que sé

he visto lo que ninguno

de los algarrobos

podría imaginar

soy el que siempre regresa

Contra todo dolor de niño
ha de nacer un árbol
después de tantos años
sigo esperando que regrese
debo contarle cómo cuánto
los dos hemos vencido

Manual del nómada desorientado

Pasear por una ciudad que no te pertenece,

tiene sus encantos y sus mañas.

La gente es como es, es diferente

no trates de cambiarla

pero las calles, los muros, los conocidos

arcos del triunfo, tienen un historia común,

sudores y sangres de la misma composición

que la tuya, recuerdos que más o menos se parecen.

Los bares son también lo mismo.

Si pides un té, un cortado, o simplemente un café,

será igual estés donde estés.

Y hasta te cobraran casi lo mismo,

al cambio por supuesto.

Los parques y las plazas

serán gemelos de los de tu ciudad,

respirarás un aire parecido,

sonreirán los niños como siempre,

los perros harán lo suyo en los árboles,

las aves se posarán en los mismos lugares,

y los abuelos entre distraídos y absortos,

verán correr a los nietos,

sostendrán en una mano la correa del perro,

e intentarán dar de comer a las palomas,

con un poco de arroz y de nostalgia en la otra mano.

Si buscas el mar, verás la gran masa azul,

insondable y perenne desde que el mundo es mundo.

No hallarás nada distinto.

El inmenso mar es eso: la vieja composición

de hidrógeno y oxígeno, combinados dos a uno,

que estará quieta o voluble según el día,

fría o cálida según el tiempo,

y esto es así en todos los mares

y todas las ciudades.

Resumiendo: nada cambia,

también tú eres el mismo,

digas lo que digas,

    hagas lo que hagas,

        vengas de donde vengas.

Y de nada te sirve querer estar en La Habana

o en cualquier otro sitio

porque estás en Barcelona y eres,

uno más entre la gente.

Caribe abajo y rompeolas

Le dijo que venía de Maracaibo
le imaginó sentado a la entrada
de algo que no podría
comprender
algo así como una gran bolsa
de nauseabundo olor
Caribe abajo y rompeolas
de rémora agua
dulce
¡No era una bahía!

De niña pasó largas horas sentada
a la entrada de una bahía de verdad
bolsa de sal mucho más pequeña que la suya
imaginando rutas luces mapas
sobre piedras
gastadas
esqueletos de hierro corroído
salitre y pestilencia
de Caribe arriba esperándole
a puro mar
que pica y repica
¡No era un lago!

Seguía perpleja la estela de todos los buques
uno a uno desde que salían del puerto
hasta perderse blanco rastro
puente sobre el lago.
Túnel bajo ellas la niña la bahía
volvía cada día al juego ingenuo
de las luces fantasmas
sin entender por qué
no llegaba nunca
aquel niño que hacía
mucho tiempo
había desembarcado allí
y estaba sentado
cerca de ella
sin verla
en un punto perdido
de la bolsa de sal
y soñaba con
La chinita
el puente
el lago

Continuidad del deseo

Y si por algo así
como el milagro del deseo
o el deseo del milagro
o que más da el milagro
si todo lo que hay es
puro y duro deseo
si de repente imaginas
que te espero
o me esperas
allí en el parque
donde nunca hay nadie
ese parque tan triste
que no parece parque

Aquí hago como que no te veo
tú como que no me ves
me siento a tu lado
se llena el parque de flores
de vejetes con perros
pelotas y niños
pajaritos cantando
ah está el parque que trina
de pura vida

lo cual es ideal para un parque

así tan parque solo

que no parece serlo

válganos el decorado

pues por fin nos veríamos

y entre tanta vida

derredor nos besaríamos

seguros de pasar inadvertidos

y el beso sería lo más real

de este sueño

tan irreal como continuo

Estar en un parque

que está dentro

de otro parque

que a su vez

está dentro de…

Y para salir del sueño

tendríamos que besarnos

de vuelta de cada uno

de esos parques

hasta no saber nunca

cuál el parque

que soñamos primero

y cuál el último soñado

para siempre sentados

en infinitos los parques

sin saber cuál el cierto

cuál el inventado

y lo peor es decir lo mejor

no pudiéramos salir

nunca de un beso

Extracto del monólogo de Penélope

La vida se adivina. Vete.
Claudio Rodríguez

Me gustaba respirar tu piel

aquel olor tan tuyo

se me quedaba pegado a las membranas

me dejaba siempre llena

de querer más de ti en mí

Los años y el olvido, ¡qué pareja tan fiel!

Y a qué olías tú para mí

a un animal en fuga

a lo poco de monte que el animal

no puede arrancar ni retener de sí

en plena huída

A mí el animal que llevaba dentro

me desbordaba todas las ganas

hasta dejarme paralizada

de deseo y de miedo

No vuelves mas vivo cada día para olerte

desmadejada en el tálamo sangro

¡y qué de agujas enterradas
en esta piel que arde!

Tejo para así re-conocer-te
si cuando vuelvas ya he muerto
échate aquí a arder por mí
desteje lento que vendré
siempre necesitada de
re-correrte
            re-lamerte
                    re-amarte

No tardes que ya nadie sabe de tu nombre
ni de tu olor sabe Nadie nada

Y como aún no ha llegado
el tiempo de re-vivir
será el hibernar más duro
este el de re-cordar
aguja tras aguja re-cordis
volver a pasar por el corazón

Hic sunt dracones

> *"El país está arruinado: aún*
> *permanecen las montañas y los ríos.*
> *Es primavera en la ciudad amurallada,*
> *la hierba crece salvaje."*
>
> ***Tu Fu.***

Aquí hay dragones, dice, mientras dibuja una criatura

rara, más bien deforme, en lugar de la isla.

En aquel globo de dos mitades de huevos de avestruz,

al otro lado del Atlántico,

planta lo mitológico sin oír razones,

allí donde la llave del Caribe no saldrá,

hic sunt dracones, repite, carajo,

que la cartografía no pueda con la ley.

A fuerza de no querer o no poder verla

nos condena a reconocer que es tierra incógnita,

la que buscaron otros, la jamás encontrada,

se nos escurrirá una y mil veces,

es un enigma, una suerte de aparición,

no digamos un mito, un vulgar espejismo.

No ves que aquí hay dragones,

dice Hunt-Lenox en 1503 a su ayudante

aunque ya el genovés (¿por qué creerle si

nada sabía de italiano ni era de Génova

ni de Oporto, Ourense o Barcelona,

si nunca sabremos de dónde es

como tampoco dónde están sus huesos?)

había dicho que era la más fermosa,

pero Hunt-Lenox está ciego ante la evidencia.

1492 qué importa, dragones para el que se empeñe

en ver cocodrilos verdes, no, señor,

que no llegue nadie a descubrirla,

que se pierdan mil veces y mil veces

retrocedan, que el camino se les convierta

en rueca que no cesa, sísifos de la mar

buscando en vano, sobre su mapa

lava para sembrar la incertidumbre,

será o no será, *hic sunt dracones*

y que hasta los que le nazcan allí, entre sueños,

se pregunten si alguna vez la vieron.

País de escamas

Los peces, claro, como iconografía de la riqueza
o de la pobreza, quién sabe.
Un pueblo tan hermético
una extensión titánica
de sí mismos, igual de vasta
la lengua, su sentido telúrico
y visceral, sus agri(cultóricas) terrazas.
Arroz para comer, para mezclar con caldos
suculentos, para curar la fiebre, la malaria,
para acompañar y servir
con peces, claro.
Los peces, a ser posible dorados
cada escama reluciente, saltarina
y el pescador, la red, la sensación
de que o vuelves bien repleto
o completamente sumido
en la derrota...

Pero ya oliendo a mar
y con una que otra escama pegada
a la piel, quién sabe, ya eres
menos pobre.

Un areíto contra Holcan Okot

"Esa es Cuba, la isla, la olla puesta al fuego de los trópicos..."

Fernando Ortiz

Y dijeron que no querían más puerto que sus brazos
a los llegados por baguá.
¡Oráculos de taínos!
No tuvimos pirámides, solo burdas casitas
en barro amasamos el casabe
con los hijos procreamos
tan mansos íbamos por la playa
desnudos recolectando abalorios
hasta que un día
nos quemaron vivos.

¡Oráculos de mayas!
¿qué mundo era ése
del que presagiaban el final?
sus secretos en ruinas
brillantes ingenieros
el agua sigue recorriendo
canales que nadie se explica

cómo las construyeron
Las ruinas ahí
tal vez, para contarlo...

No tuvimos pirámides
no tenemos ya nada
solo ruinas sin nada que contar.
La historia nos dejó muy mal parados
nunca fue todo el oro del río
canjeable, si es que existió
por esas absurdas bolas de colores.

¿Y si intentamos lo que los ancestros?
calentarnos debajo de una choza
alimentar los hijos
salir a recorrer la playa
al huacal Jaiba y Rabirrubia
Una caracola a cada oreja
por posesión el mar.

Igual sí que podemos vengar a los Taínos
de ellos no quedó ni rastro
de nosotros ¿tampoco?

Tres lindas cubanas

"...y el infinito azul arriba con sus nubes blancas
y una paloma se esconde en la nube.
Vuelo en lo azul. Me entristece la impaciencia. Saldremos
mañana."

José Martí, Diario de campaña

I

un *todus* multicolor
barrancolí cartacuba pedorrera
plumaje
de ave
pequeña
cantora todo el arcoíris
en ella su canto
verde rojo azul
blanco etcétera
tanto
color
no es puro cortejo
ni resultado de selección natural
alguna

sabemos

que el *todus* pertenece

a especie única y sin subespecies

de ahí su rara hermosura

II

un *priotelus temnurus* tocororo

trogón

guatiní su latido

resonancia aire contenido lamento

primo del quetzal

su buche rojo

henchido exuberante dilatado

sabemos

que el tocororo

sufre/aprende/tiñe

con mucha sangre

su pecho

que baja

el dolor sublimado

al vientre

de ahí su endémica tristeza

III

reinita azulada

setophaga caerulescens

la bijirita migra

a costa de isla

ama/divaga/hiverna

luego prefiere

el dosel de los bosques

dendroica empolla

con ojos cerrados

madre nutre pichón

desnudo

padre da alpiste en pico

a la incubante

portilla joven

busca y rebusca

en el follaje

algún insecto pequeño

a su regreso

visita flores

de *norantea guianensis*

liba en éxtasis

se junta con todos

pasea extraño comportamiento

de individuo solitario

que únese

a bandadas

de aves mixtas

sabemos

que para consolarse

de ahí su promiscua alegría

Tablero

A Luis Manuel Alonso, lo que no dijo la ouija

no podría ser más cierto

que en una calle de Lawton

para más i.n.r.i

Milagros

      esquina con

            Delicias

me conminaría

pichón de asturiano

a jugar

ah yo que siempre

pierdo que

      detesto

         el azar

y que padezco de una

banal   m u l t i f o b i a

léase

un congénito

miedo a todo

la oscuridad

las ratas

     los gatos

          los barrancos

              y los perros

(a casi todo

menos al misterio)

veo al buen LuisMa

desde el recuerdo

t e n d i é n d o m e

              en el Tiempo

un inocente

     (y no) juego

          dulce-treta-macabra

de los veintipico

pu-pi-la que es cen-te-lla

le veo decir lascivo

y con su   propio

     miedo   dentro

       o u i j a

ven métete

a bruja hoy conmigo

déjate   sin pudor escudriñar

aquí la tengo mira

se mueve sola habla

pregúntale

anda atrévete

me la prestaron

y tengo que

        devolverla   mañana

prueba a saber del   pasado

y también del   futuro

te toca

        tú pregunta

tírale

cuantos hijos tendrás

quién los engendrará

en qué país lejano

enterrarán tus huesos

no
qué miedo

espera déjame a mí
allá voy

oye qué le pasó al abuelo
aquel día sin flores
que mamá no me dijo
y qué tal le va allí

no escatimes
ve mucho más
                              allá
inquiere
no se vale
sé valiente
qué fue de ti a los cuarenta
y por qué extraño rumbo
se te extravió el deseo

T

A

B

L

E

R

O

Índice